# DECOUVRIR VOTRE COFFRE REMPLI D'OR

PAR : Mustapha MEZZINE

## TABLE DES MATIERES :

## INTRODUCTION

J'ai écrits cet e-book pour partager avec mes lecteurs ce que j'ai compris durant cette tranche passée de ma vie.

Durant cette période j'ai concentré mon attention sur des centaines de détails, pour essayer de comprendre le sens de la vie, comment mieux être et comment mettre concrètement ma vie en valeur.

J'ai voulu partager avec vous mes compréhensions dans ce guide de changement et de développement personnel.

Ces expériences peuvent être échangées, nous apprenons que nous ne sommes pas seuls, que nous avons notre place au sein de la famille humaine.

J'espère que mon e-book répondra à vos attentes, et aussi vous permettre de découvrir vos propres solutions à vos propres problèmes, vous encourager dans la recherche de votre valeur et de l'estime de vous- même.

J'ai aussi écrit cet e-book à l'attention de ceux qui aiment lire et comprendre les livres de développement personnel.

J'ai écrit cet e-book parce que je savais que mes lecteurs cherchent le secret et le sens de la vie, je savais que vous êtes honnêtes avec vous-même, que vous aimez vous-même, que vous reconnaissez votre valeur et la beauté de votre nature humaine.

Cet e-book vous montre l'importance de votre démarche de recherche du sens de votre vie, j'espère sincèrement qu'il vous aidera dans vos recherches et vous permettra de découvrir votre valeur personnelle.

Je sais que chaque journée vous apporte de nouveaux défis, vous confronte à des difficultés, des souffrances et des deuils qui tendent à miner le sentiment de votre valeur et l'amour que vous avez pour vous –même.

Cet e-book est très simple, vous propose mes réflexions et mes compréhensions vécus durant ma vie passée.

Ces compréhensions touchent mes croyances, la prise de décision, le choix, l'exigence de précision, le rapport comme base de communication, le changement, le développement et la découverte de la nature humaine.

J'espère que cet e-book vous permet de découvrir le secret de la vie.

## Chapitre 1

### Rencontrer vos émotions

On ne peut pas parler des comportements humains sans parler des émotions.

Les manifestations émotionnelles sont toujours présentes dans notre existence.

Si nous plongeons dans nos souvenirs, aussi loin que nous le pouvons, nous y trouvons une naissance, la perte d'un être chère. Une séparation douloureuse, une dispute mémorable, des livres et des films qui nous ont touchés, des personnes qu'on n'aime pas, d'autres qui nous attirent.la liste est longue

En évoquant chacun de ces moments, chacune de ces situations, nous y associons la palette des émotions qui les ont accompagnés et nous pouvons parfois les visualiser, ressentir, et cela même après des années.

Je ne sais pas expliquer avec précision la genèse des états émotionnels. Ou décrire avec certitude les liens étroits entre le psychologique et le physiologique.

De nombreuses études ont montré que l'expression et la reconnaissance des émotions sont universelles.

Elles se produisent par l'utilisation et le décodage de mimiques faciales spécifiques. On associe les larmes à la tristesse, le rire à la joie. On admet que les environnements culturels et sociaux, ainsi que la tradition pèsent fortement. On constate des situations, des contextes spécifiques qui provoquent des réactions déterminées.

La manifestation de l'émotion est courte, voir extrêmement brève, elle peut se ramener à quelques secondes. Ce déclenchement est provoqué par un événement inducteur précis.

Les réactions physiologiques surviennent en une fraction de seconde, les mimiques en quelques millisecondes.il est difficile de démêler les manifestations objectives de l'expérience (l'émotion) et les différentes manifestations physiologiques et psychologique qu'elle va déclencher chez le sujet.

Le déclenchement de l'émotion est rapide et sa durée limitée.

## La congruence

Il y a congruence entre l'expérience émotionnelle et son expression, et réciproquement.

On suppose un ensemble psychologique associant étroitement expérience et expression.

Nous ne nous choisissons pas de vivre une émotion, elle s'impose à nous, en raison de son déroulement rapide, de sa perception automatique et de ses réactions expressives involontaires.

On parlera de congruence si l'émotion ressentie est la tristesse, et la manifestation observable les larmes.

L'émotion survient et s'exprime de manière spontanée.

Les recherches qui ont étaient faites sur les émotions ont montré que :

Les émotions de base ou émotions fondamentales ont une durée et une intensité variables.

**La colère** domine à la fois par sa plus grandes intensité et par la nécessité de contrôle à laquelle elle est soumise. Elle dure de quelque minute à quelques heures, elle décroit avec l'adaptation du sujet ou l'évolution de la situation.

**La peur** est de plus courte durée : de quelque secondes à une heure. Elle provoque nécessairement des réactions adaptatives.

**La joie** est d'une durée variable en fonction de son contexte (une heure à un jour)

**La tristesse** peut se prolonger plusieurs jours et nécessite souvent une période d'adaptation à une situation relationnelle nouvelle (disparition d'une personne, fin d'une relation).

Dans les situations ou les événements ayant déclenché l'émotion, nous retrouvons souvent (mais pas systématiquement) une attente ou un objectif de première importance pour le sujet.

Si nous considérons les « intérêts » qui seraient à l'origine de ces émotions, on peut retenir :

Les intérêts personnels liés à l'intégrité physique et psychologique

L'intérêt relationnel traduisant les liens fondamentaux : amicaux, amoureux, familiaux.

Les intérêts sociaux, liés aux attentes de respect des normes, de la justesse, mais aussi les dispositifs ritualisés qui perpétuent l'ordre social.

Il est intéressant de noter que certaines manifestations (pleurer, crier, gesticuler, rire....) sont ressenties comme nécessaires et permettent un soulagement bénéfique.

La réaction est alors régulatrice de l'état émotionnel.

L'individu peut tenter de masquer certaines expressions extérieures de l'émotion, mais il lui est impossible de bloquer les changements qui se produisent dans son organisme.

Les manifestations émotionnelles publiques sont conditionnées par les conventions, les usages sociaux.la « réaction » apparente est donc un compromis entre le contrôle individuelle et le contrôle social.

La plupart des réponses émotionnelles se sont développées et adaptées au fil de l'évolution, et qu'elles font partie de dispositifs bio-régulateurs. Cela explique la cohérence et la similitude de certaines expressions émotionnelles.

Quelques situations que l'individu peut rencontrer dans sa vie :

Lorsqu'un de ses interlocuteurs arrive en retard, il se met dans une colère folle.

Prendre la parole en publique terrorise certaines personnes, et elles préfèrent s'abstenir de faire part de leur opinion.

Certaines personnes fuient jusqu'à perdre haleine à la vue d'un reptile.

Certaines personnes se sentent extrêmement nerveuses et agressives à la veille d'une reprise de travail.

Dans ces situations, nos comportements ne sont pas forcement des réponses appropriées.

L'expression des émotions est une réaction utile et même efficace lorsqu'elle est adaptée à la réalité, lorsqu'elle est bien calibrée. Celle-ci libère une énergie, parfois même une force.

Les émotions nous aident à prendre conscience de nos états affectifs, et à sélectionner les bonnes décisions dans certain nombre de situations.

Les émotions font partie des dispositifs qui nous régulent et qui nous permettent de survivre.

Si cette réaction émotionnelle est trop forte et inadaptée à la situation vécue, elle devient parasite, puisqu'elle n'est plus en adéquation avec ce vécu immédiat. Elle peut même se déplacer, envahie notre vie personnelle tout entière ou se projeter sur d'autres personnes de notre entourage professionnel ou personnel. Elle perturbe notre fonctionnement cognitif(le trou d'un candidat lors d'un examen, d'un entretien), nos comportements (la peur qui nous paralyse au moment où il faudrait agir),et nos relations(la gène qui nous fait rougir et nous déstabilise face à un interlocuteur).Nous devons être conscients de ces perturbations et les moyens d'y faire face.

## Les émotions au quotidien

**La colère :** c'est une réaction face à l'injustice, à la frustration, à la sensation d'être attaqué. C'est donc un refus, une protestation. Elles indiquent les limites de l'acceptables, et parfois nos propres limites ! elle nous permet de défendre nos valeurs.

La colère peut être une émotion positive, qui permet de faire évoluer favorablement une relation.

Si nous avons le sentiment de nous trouver face à une réelle injustice, à un événement frustrant, à une atteinte à notre intégrité, alors la colère est une expression justifiée de ce que nous ressentons.il est nécessaire de l'exprimer, mais il s'agit de la manifester d'une façon qui soit adaptée à la situation vécue, compréhensible et recevable par notre interlocuteur.

Si L'analyse que nous faisons de la situation est déformée par notre subjectivité, notre histoire personnelle.

Nos réponses risque très vite d'être disproportionnées, et les effets de cette colère, sur nous comme sur l'autre, inadaptés et négatifs.

Exemples de certaines réponses :

**L'évitement :** j'affecte une distance, j'évite la personne à la source de l'émotion, mais la colère contenue finira par se muer en véritable rancœur. Elle ressurgira tôt ou tard, avec un risque d'affrontement violent, ou elle se déplacera, c'est-à-dire qu'elle s'exprimera dans une autre situation.

**La soumission :** je place l'autre au premier plan. J'ai le souci de minimiser la situation. En fait, je ne prends pas en compte mon propre vécu, mes propres besoins. C'est donc contre moi que se retourne cette colère.

**L'agressivité :** j'exprime ma colère dans toute sa violence gestuelle, verbale. J'ai pour but finale d'impressionner, de faire peur et d'imposer mon point de vue. Tous les moyens sont bons : dévalorisation, attaque personnelle, culpabilisation, intimidation, provocation...

Que ce soit sur le mode contenu, refoulé ou sur le mode violent, explosif, rien n'est réglé.

Une fois la situation passée surgissent l'auto accusation (j'ai été mauvais), le sentiment d'impuissance voir d'échec (je suis incapable de, je n'arriverais jamais à...).cela pourra être l'escalade, le dérapage verbal, voire physique. On risque de générer ensuite la culpabilité (je suis peut être allez trop loin).

La rancune envers l'autre (c'est de sa faute,...).

Le système finit par s'autoalimentera une nouvelle explosion de colère succédera une phase de regret, puis de rancœur.

N'oublions pas que derrière l'expression d'une colère se cache le plus souvent l'expression d'un besoin, d'une attente ou d'un souhait.

La colère est une manifestation qui vise à déclencher une émotion chez l'autre, c'est le plus souvent la peur qui, si l'objectif est atteint, doit permettre d'éviter l'affrontement.

Ce sera parfois la crainte du jugement qui conduit le parent à céder à l'enfant pour que la colère cesse.

La colère est l'émotion la plus dangereuse, car elle pousse à combattre.

### La peur

La peur est provoquée par une situation précise, un événement identifié.

On a peur de quelque chose, de quelqu'un...

Certaines peur sont ressenties avant que les événements se produisent, comme la crainte, l'appréhension.

Il existe des états de « peur » irrationnels comme l'anxiété, l'angoisse, dont les manifestations peuvent être quotidiennes.

La peur est à l'origine d'une émotion adaptative. Elle alerte sur un risque, un danger.

C'est une réaction courante et même naturelle face à l'inconnu. Elle permet d'anticiper ce qui va venir et de s'y préparer.

La peur donne l'alerte à tout notre organisme qui se prépare à une réponse appropriée.

Notre système nerveux central analyse la situation afin de choisir la réponse la plus adaptée à la situation : faire face au changement, se protéger en restant parfaitement immobile, fuir, demander de l'aide....

Les manifestations physiologiques qui l'accompagne sont nombreuses : accélération des rythmes cardiaque et respiratoire, transpiration, pâleur, contractions musculaires, mains tremblantes....

Il est important de laisser s'exprimer cette peur, de la vivre, de la verbaliser.

Souvent on entend dire :

« Comment peux-tu avoir une telle peur ? »

« Retiens tes larmes, on te regarde »

« Fais bonne figure, tu es un homme »

« Tu n'as aucune raison d'avoir peur....maman est là... ! »

Ces injonctions sont un produit de la culture, de l'éducation. Elles expriment la part la plus importante de notre conditionnement social, et risque de mobiliser notre énergie à masquer, rationnalisé, au lieu de l'utiliser pour faire face efficacement à la situation vécue.

La peur dans notre culture est souvent mal perçue, et cela s'exprime dans les comportements parentaux dès la petite enfance.

L'une de toutes premières peurs exprimées par l'enfant est la peur du « noir ».symbolique d'angoisse souvent plus importantes, fantasmes de séparation, de mort.

Certaines adultes ont la tentation de brusquer l'enfant en pensant, souvent de bonne foi, l'aider à « grandir ».

Le danger est de placer ce dernier face à un dilemme : continuer à exprimer ses craintes, et prendre le risque de perdre l'estime des parents ou essayer de cacher un sentiment toujours ressenti.

La tristesse est une émotion naturelle. Elle se manifeste plus particulièrement dans des situations telles qu'une déception, une perte, un échec, un sentiment de regret, de manque d'amour ou d'affection.

La tristesse est une étape normale, face à la situation rencontrée. Elle peut permettre de se préparer à une acceptation de la réalité.

Elle est l'expression de ce « deuil » nécessaire.

Les manifestations de la tristesse sont le signe tangible d'un travail qui est en cours et qui va faciliter une reconstruction de soi adaptée à l'épreuve qui est vécue. C'est un moment fort d'investissement de soi, qu'il faut accepter de vivre complètement, sans culpabilité et sans auto dévalorisation.

## La joie

La joie est très peu évoquée dans la littérature consacrée aux émotions. C'est probablement parce qu'elle jouit d'une connotation plus positive.

On dit parfois que « les gens heureux n'ont pas d'histoire »

Si la joie intéresse moins les chercheurs, c'est probablement que ses manifestations n'ont pas de conséquences négatives sur les individus et les relations avec leur environnement. Elle procède bien des mêmes phénomènes que les autres émotions de base.

Elle se traduit également par des manifestations physiologiques :

Cœur qui bat, sensation de légèreté......

Sur le plan relationnel, la joie va souvent conduire à vivre de façon plus détendue, à accorder plus d'indulgence à ses interlocuteurs, voir même à les idéaliser....

Le risque relatif peut être, dans ce cas d'abaisser le seuil de vigilance et d'agir impulsivement sans mesurer les conséquences des paroles prononcées ou des décisions prises dans l'enthousiasme du moment.

La joie est très peu évoquée dans la littérature consacrée aux émotions. C'est probablement parce qu'elle jouit d'une connotation plus positive.

On dit parfois que « les gens heureux n'ont pas d'histoire »

Si la joie intéresse moins les chercheurs, c'est probablement que ses manifestations n'ont pas de conséquences négatives sur les individus et les relations avec leur environnement. Elle procède bien des mêmes phénomènes que les autres émotions de base.

Elle se traduit également par des manifestations physiologiques :

Cœur qui bat, sensation de légèreté......

Sur le plan relationnel, la joie va souvent conduire à vivre de façon plus détendue, à accorder plus d'indulgence à ses interlocuteurs, voir même à les idéaliser....

Le risque relatif peut être, dans ce cas d'abaisser le seuil de vigilance et d'agir impulsivement sans mesurer les conséquences des paroles prononcées ou des décisions prises dans l'enthousiasme du moment.

La timidité

La timidité est définie comme manque d'audace et de décision dans l'action ou la pensée, manque d'aisance et d'assurance en société, c'est une phobie, une véritable

Peu persistante face à une situation sociale : peur d'être observé, peur d'être ridicule ou d'échouer. Parfois, la réaction peut aller jusqu'à éviter toutes les situations qui pourrait conduire à cette confrontation. La timidité s'exprime à des degrés divers chez une grande partie de nos contemporains. Parfois, elle est dissimulée sous des comportements de « fier à bas »,de personnages joviaux et haut en couleur qui nous donnent l'impression d'être très à l'aise en toutes circonstances et qui pourtant, peuvent être des timides qui « se soignent » ou qui surcompensent.

## Le déclencheur de peur

Si la timidité ne peut pas être ramenée à une émotion, on peut identifier l'expression d'une peur sous- jacente. A l'origine de cette peur, on retrouve un déclencheur : un groupe auquel on doit s'adresser, une personne dont on craint le jugement, le statut…..mais on constate aussi que la menace n'est pas réelle, à la différence du chasseur se trouve face à un animal féroce ou des conducteur perdant le contrôle de son véhicule. Cette situation anxiogène est générée par un « vécu culturel » qui échappe souvent à la rationalité.

On retrouve souvent un sentiment diffus, plus ou moins conscient, de honte de soi, d'auto dévalorisation.

L'importance accordé au regard des autres, au jugement que nous imaginons porter sur nous, sur nos comportement et nos compétences, impact sur la qualité de nos relations interpersonnelles.

La genèse en est pour une bonne part inconscient, et la construction psychique remonte à l'enfance. Parfois gênante dans les premières minutes d'un entretien, dans les premiers temps d'une soirée où l'on se trouve en présence d'un grand nombre de convives, la timidité peut se révéler un véritable handicap.

## Le trac

C'est un mot couramment utilisé, il exprime des vécus, des craintes d'intensité très variables : de l'étudiant qui a le « trac » avant son examen, au salarié avant une réunion au cours de laquelle il doit prendre la parole, en passant par le comédien au moment du lever du rideau. Le trac est une émotion, on peut le rapprocher de l'expression d'une émotion de base : la peur, mais on trouve rapidement les limites de cette ressemblance.

Le trac est la combinaison complexe de signaux visibles, précis et d'un vécu social, d'expériences de vie, de normes, et de valeurs qui sont à la fois propres à des groupes, à des cultures. Mais aussi spécifiques à chacun de nous.

L'arrivée de l'examen peut perturber l'étudiant, l'entrée en seine peut troubler l'acteur.

De la même façon que pour certaines formes de timidité, les questions en jeu sont plus complexes et ramènent à l'image que l'on a de soi et de ses capacités : « suis-je vraiment capable de réussir » ?

« Qu'est ce que les autres vont penser de moi si j'échoue ? »

« Suis-je à la hauteur de ce rôle ? »

« Est ce que le public va me trouver bon ? »

Si le trac est une forme de peur, on y trouve comme pour la timidité, un manque de confiance en soi.une forme d'autodévalorisation.il s'agit alors d'un construit psychique : nous fabriquons notre trac.

Le trac est une réaction habituelle pour chacun de nous.

Le trac a aussi des effets positifs, il peut favoriser la mobilisation énergétique et la focaliser sur un projet, une réalisation.

Il convient de lui déclarer la guerre, quand il devient inhibant, perturbateur de l'action.

### L'angoisse et l'anxiété

L'angoisse est bien différente de l'émotion de base qui est la peur, nous ne retrouvons plus un déclencheur facilement identifiable, un déroulement et une fin.

Les pensées ne sont focalisées que sur un danger potentiel, qui devient complètement obsédant.

Des scénarios sont en permanence échafaudés et seules les hypothèses allant dans le sens de la crainte de l'angoissé sont retenues. Ce lui ci est parfois incapable de percevoir les signaux positifs pouvant contrebalancer une inquiétude qui s'exprime de manière complètement irrationnelle.

L'anxiété s'accompagne de nombreux troubles physiologiques :

Modification de rythme cardiaque, fourmillement dans les membres, difficultés respiratoires, transpirations....

Si la peur a des raisons « objectives », perceptibles dans l'ici et maintenant. La crainte, l'appréhension sont des peurs par anticipation.

L'anxiété et l'angoisse sont des états de peur sans « objet ».ces états peuvent durer plus ou moins longtemps, se manifeste face à une situation spécifique, ou être présent en permanence à certaines périodes de la vie.

L'anxiété se manifeste tout au long de la vie. Dans toutes situations futur, il existe une part d'inconnu, d'imprévu, et l'on doit admettre que ce la génère une appréhension, une inquiétude parfois. C'est un schéma tout à fait normal, qu'il convient d'accepter.

L'anxiété est liée à tout processus de changement et qu'elle peut être un moteur de ce processus.

## Les phobies

La phobie est une peur persistante et intense à caractère irraisonné. Excessive, déclenchée par la présence ou l'anticipation de confrontation à un objet ou à une situation spécifique. Or, cet objet ou cette situation ne représente pas un danger pour la plupart des individus de la même culture.

Pourtant certaines phobies sont fort handicapantes socialement. Les phobies sont multiples :

La peur de prendre l'avion, de se trouver au sommet d'un bâtiment, sous un tunnel, sur un pont, d'être sous un orage ou au bord de l'eau, de voir du sang, des animaux, de recevoir une injection...

La phobie est considérée non pas comme une maladie grave, mais comme le symptôme d'un problème.

## Le stress

Un individu stressé parle simplement de la pression qu'il subit face à un emploi de temps chargé, de l'inquiétude par apport à un problème concret : difficulté d'avoir de l'argent.

Ce peut être une situation paralysante, à la source de laquelle on trouve une auto dévalorisation, un grand pessimisme et qui se traduit par un ralentissement de l'activité.

Il y a stress dès qu'il ya nécessité pour l'individu de s'adapter à une nouvelle situation.

On peut noter qu'au départ existe un « tresseur » sur lequel, le « stressé » prétend ne pas pouvoir agir « je n'arrive pas à gérer mon compte....»

« je ne suis pas à la hauteur et je cours droit à l'échec... ».

Le stress est un mécanisme complexe qui met en jeu l'ensemble de l'organisme et son fonctionnement : cœur et réseau sanguin, système nerveux central, appareil digestif. On connait notamment le rôle important joué par l'hypophyse, l'hypothalamus, le système nerveux neurovégétatif.

Le stress permet de faciliter le retour à un équilibre bousculé par les stimuli.

Il existe des points communs importants avec l'expression des émotions : impact de stimuli sur l'organisme, modification physiologique, recherche d'une réponse permettent une meilleure adaptation à la situation vécue.

### La dépression

On utilise souvent dans le langage populaire : « le pauvre, il est en pleine dépression »

De l'anxiété à la « déprime », la confusion est souvent entretenue.

Si l'on souhaite caractériser particulièrement ce qui vit le sujet atteint d'une dépression, il faut souligner la profonde sensation d'impuissance psychique.

Toutes ses capacités vitales sont atteintes : difficultés d'attention et de concentration, mémoire perturbée, le dépressif semble avoir perdu son énergie, sa vitalité.

La moindre action lui demande des efforts énormes.il vit dans une importante auto dépression, il se sent inutile, médiocre et sans intérêt.

A ce sentiment d'infériorité peut s'ajouter une culpabilité : « je suis nul...tout ce qui arrive est de ma faute...... »

Les causes de la dépression peuvent être multiples, interactives et difficilement identifiées.

### Les moyens pour faire face à l'émotion

Les émotions qui nous perturbent ne présentent pas de dimension pathologique, elles génèrent parfois un mal-être, elles peuvent être handicapantes dans notre vie amicale, amoureuse et professionnelle.

Pour faire face à ces moment difficiles qui nous déstabilisent, à ce quotidien qui nous stress, nous faisons régulièrement appel à des substances, mais à des techniques, des méthodes, voir des rituels.

**Le tabac :** c'est l'une des réponses qui revient le plus souvent.les gens ne savent pas expliquer l'effet physiologique, mais ils évoquent un « retour au calme », une « aide à la concentration »

Nous savons tous que la nicotine augmente la production d'adrénaline, mais la réalité est bien plus complexe.

On ne décide pas réellement prendre ponctuellement une cigarette pour répondre à une situation émotionnellement forte.

Le retour au tabac s'inscrit dans un phénomène plus global d'addiction dont on connait les effets nocifs sur la santé à long terme.

**L'alcool :** il est indéniable qu'une petite dose d'alcool apporte un sentiment d'apaisement et qu'elle peut réduire les inhibitions. Le danger est là aussi, connu.

La dépendance peut s'installer : d'abord psychologique, elle sera accompagnée de rationalisation « un peu d'alcool ne peut pas faire du mal…. ».elle peut ensuite devenir physiologique. On connait tous les méfaits générés sur la durée : agressivité, troubles du sommeil, accentuation des tendances dépressives.

**Le café :** le café et le thé s'inscrivent souvent dans des rituels familiaux, amicaux, professionnels. Ce la conduit parfois à une consommation excessive, qui entraine des effets secondaires non négligeables : nervosité, irritation, troubles du sommeil, altération du rythme cardiaque….allant à l'encontre des effets recherchés. On risque alors d'être tenté de prendre des médicaments pour soigner ces troubles.

**Les rituels :** les rituels constituent un moyen d'agir sur les émotions qui accompagnent certain moment de la vie quotidienne.

Avant de s'endormir, il est habituel de reproduire le même scénario : préparer un jus et la boire lentement, lire quelques pages d'un livre en écoutant une musique apaisante, faire quelques mots croisés.ces pratiques contribuent à créer un climat favorable au sommeil.

## Les émotions et la communication

On n'a vu les émotions comme source de problèmes, et leur caractère perturbant. Cela ne doit pas donner une vision déformée de la place des émotions dans notre vie intérieure et relationnelle. Il faut donc élargir notre point de vue, et envisager le rôle des émotions dans notre existence quotidienne, dans nos relations et nos interactions avec ceux qui nous entourent.

L'émotion apparait comme le constituant de base de notre vie affective.

Elle est la manifestation fondamentale de notre sensibilité, le que nous sommes touchés, affectés par les choses et les êtres de notre environnement.

A chaque instant, les émotions que nous ressentons expriment nos mouvements affectifs face aux événements de notre vie intérieure ou de notre environnement.

Le système émotionnel constitue une façon d'éprouver le monde, de se le représenter et de communiquer avec autrui.il traduit nos réactions sensibles à ce qui nous arrive, et oriente nos représentations : nos images, nos pensées.

Nos opinions ne sont pas un reflet objectif de la réalité mais une construction subjective, teintée d'affectivité.

Ainsi, la vue d'une souris peut provoquer une réaction de peur ou de dégout ou, au contraire une curiosité attendrie, ce qui implique une représentation différente de cet animal (qui apparait menaçant ou inoffensif).

Nos idées ne sont pas neutres, elles ont une tonalité émotionnelle .ex : la « nation », n'est pas seulement une notion abstraite, c'est une représentation subjective à forte tonalité émotionnelle capable de susciter les réactions passionnelles qui peuvent aller jusqu'au sacrifice de sa vie.

De même nos relations aux autres : les émotions quelles suscitent en nous, sous-tendent et animent notre façon de communiquer.

Les émotions constituent la dimension sensible et qualitative de notre vécu, la coloration de notre existence.

Sans émotion, notre vie nous apparaitrait grise, terne et mécanique.

## Notre rapport au monde

Les émotions traduisent la qualité de notre rapport au monde.

Au monde extérieur : aux situations, aux événements, aux objets, aux êtres, aux personnes qui constituent notre environnement.

Mais aussi au monde intérieur : aux sensations, aux images, aux représentations, aux pensées qui peuplent notre vie psychique.

Le plus souvent entre un objet et la réaction qu'il provoque en nous, s'interpose la représentation que nous nous en faisons : la vue d'un gâteau appétissant peut susciter une réaction de gourmandise et d'envie, mais si je suis au régime, je voie en lui un aliment qui peut me faire grossir, ma réaction peut être alors ambivalente, mêlée d'envie et de rejet.

C'est pourquoi le monde intérieur et le monde extérieur s'interpénètrent. L'émotion est la marque de cette interpénétration.

L'émotion est l'expression affective la plus immédiate et la plus spontanée de notre rapport au monde. Elle nous renseigne tout de suite sur la qualité et la valeur affective que nous attribuons à une personne (mouvement de sympathie ou d'antipathie), à une œuvre d'art (qui fait naitre en nous indifférence ou émotion), ou à un paysage (qui nous charme ou nous dérange).elle tient aussi une place fondamentale dans la communication avec autrui.

## L'expression émotionnelle

Le système émotionnel n'est un « langage » au même

Titre que la langue.son objectif premier n'est pas de transmettre un message, même s'il peut se charger de sens pour l'interlocuteur.

Une émotion est un «  indice » et non un « symbole » ou un « signe ».

Les pleurs ne sont pas là pour signifier la tristesse, ils sont l'indice de cette tristesse, son expression la plus directe (comme la fumée est l'indice du feu),ils sont une des composantes de la tristesse qu'ils « expriment » de façon visible : on parle de la mort d'un ami proche, et soudain on sent « les larmes qui montent aux yeux ».

Cette manifestation physiologique est indissociablement liée au sentiment subjectif de tristesse, elle le rend présent et sensible pour soi et pour autrui.

L'interlocuteur ne perçoit l'émotion qu'à travers son expression externe, à partir d'indice somato- végétatifs :(crispation des lèvres et du menton, changement de coloration de visage, agitation, larmes).

Nous exprimons par des mots (dont la visée est de transmettre un message) ce que nous avons ressenti.

## Communication et langage du corps

On parle du langage du corps, mais il s'agit d'une métaphore, car le corps ne parle pas, il exprime simplement nos états affectifs à travers des indices observables (tonalité et rythme de la voix, expression du visage, mouvement des mains et des bras, coloration de la peau, transpiration, amplitude respiratoire....)

Toutes ces manifestations sont concomitantes à la parole, elles constituent une sorte d'accompagnement du message verbal et lui confèrent une coloration émotionnelle particulière. Elles traduisent un double rapport.

1/la relation du locuteur à ce qu'il dit (est il impliqué dans ses propos ou détaché),par exemple lorsqu'on lit un texte littéraire,le bon lecteur est ce lui qui sait »mettre le ton »,qui arrive à rendre le texte expressif par son intonation et ses mimiques. C'est ce qui fait la qualité d'un acteur : savoir transmettre non seulement le contenu du texte, mais aussi les émotions qui y sont impliquées, et qui vont faire naitre des émotions semblables chez l'auditeur.

Une même phrase : »je suis désolé... » Peut prendre un sens très différent selon qu'elle est dite mécaniquement, ou selon que l'émotion qui l'accompagne exprime une vraie compassion.

Mes émotions traduisent la qualité de mon rapport au monde.

Dans le monde extérieur comme des situations particulières, des événements, ma relation avec des objets, des animaux, des personnes qui constituent mon environnement et autres.

Mais aussi dans mon monde intérieur comme mes sensations, mes images mentales, mes représentations internes, mes pensées qui peuplent ma vie psychique.

Généralement, entre un objet et la réaction qu'il provoque en moi, s'interpose la représentation que je fais de cet objet.

Quand je vois un gâteau délicieux, il suscite en moi, une réaction de gourmandise et d'envie, mais puisque je suis un diabète, je vois en lui un aliment qui peut me faire du mal, ma réponse à cette stimulation avait constitue une ambivalence mêlé d'envie et de rejet.mon émotion était la marque d'une forte interpénétration entre mon monde intérieur et mon monde extérieur.

Mes émotions expriment toujours la qualité de mon rapport au monde.

Les études et les recherches qui ont étaient faites dans ce domaine ont montré que ce rapport s'organise selon quelques polarités fondamentales :

Attraction /répulsion : la curiosité nous pousse vers les êtres et les choses, alors que le dégout nous en éloigne.

Plaisir/déplaisir : la joie s'accompagne d'une sensation de plaisir, alors que la peur et l'angoisse suscitent généralement une sensation de déplaisir.

Tension/détente : certaines émotions sont génératrices de tension (l'angoisse, la colère la honte...), d'autres s'accompagnent de détente (le rire, les pleurs..)

Extraversion/introversion : le désir est orienté vers autrui ou vers un objet extérieur, alors que la tristesse entraine plutôt un repli sur soi.

Mes émotions sont polarisées :

Ma joie implique une attraction, un plaisir, une détente une extraversion.

Ma colère implique une répulsion, un déplaisir, une tension, une extraversion..

Mes émotions sont les expressions affectives les plus immédiates, et les plus spontanées qui me mettent en rapport avec le monde.

Mes émotions me « renseigne » tout de suite sur la qualité et la valeur affective que j'attribue à une personne (mouvement de sympathie ou d'antipathie), à une œuvre d'art (qui fait naitre en moi indifférence ou joie), ou à un paysage (qui me charme ou me dérange)

## Les mécanismes de défense contre l'expression émotionnelle

Je considère mon émotion comme un « indice » et non comme un « symbole » ou un « signe ».

Mes pleurs ne signifie pas la tristesse, ils sont l'indice de ma tristesse, ils expriment directement ma tristesse (comme la fumée est l'indice du feu).ils sont une des composantes de ma tristesse, ils l'expriment de façon visible.

Je parle avec moi même de la mort de mon père et soudain je sens « les larmes qui montent aux yeux ».

Cette manifestation physiologique est indissociablement liée au sentiment subjectif de tristesse, elle le rend présent et sensible pour moi et pour autrui.

Mon interlocuteur ne peut percevoir mon émotion qu'à travers son expression externe et ses indices (crispation de mes lèvres, de mon menton, changement de ma coloration de visage, agitations, larmes...)

Les chercheurs comme Jacques Cosnier ont montré qu'on peut distinguer deux niveaux d'expression :

*l'expression émotionnelle :

- expression émotionnelle, qui correspond aux manifestations spontanées et involontaires des états affectifs internes.

- l'expression émotive, effet d'une élaboration secondaire qui permet la mise en sciène (et en paroles) de façon contrôler et volontaire à l'usage t'autrui de ces mêmes états affectifs.

Seule, l'expression émotive a une visée communicationnelle explicite et intentionnelle. Pourtant nous faisons plus confiance à l'expression émotionnelle, car elle exprime plus directement ce qui prouve une personne.

Le langage du corps est une métaphore, car le corps ne parle pas, il exprime simplement mes états affectifs à travers des indices observables (tonalité, rythme de ma voix, expression de mon visage, mouvement de mes mains et de mes bras, coloration de ma peau, mes transpirations, mes amplitudes respiratoires....)

Toutes ces manifestations sont concomitantes à mes paroles, parfois elles substituent à elle, elles constituent une sorte d'accompagnement de mon message verbal et lui confèrent une coloration émotionnelle particulière.

Ces manifestations traduisent un double rapport :

Ma relation avec ce que je dis (selon que je suis impliqué dans mes propos ou je suis détaché)

L'osque je lis un texte littéraire, je ne peux être un bon lecteur que si je saurais « mettre le ton » et j'arriverai à rendre le texte expressif par mon intonation et mes mimiques. C'est ce qui fait ma qualité d'un bon acteur : je dois savoir transmettre non seulement le contenu du texte, mais aussi les émotions qui y sont impliquées et qui vont faire naitre des émotions semblables chez l'auditeur.

Quand je prononce la phrase « je suis désolé... », Cette phrase peut prendre un sens très différent selon qu'elle est dite mécaniquement, ou selon que l'émotion qui l'accompagne exprime une vraie compassion.

Les indices émotionnels portés par l'expression non verbale traduisent l'implication et la valeur affective que je mets dans ce que je dis.

Si les indices sont pauvres (c'est-à-dire, je parle d'une voix atone ou monocorde, et j'ai un visage inexpressif) ce donnera l'impression d'un discours désaffectivé (qui peut correspondre à mon attitude réelle, mais qui peut aussi découler de mes mécanismes de défense introduisant un décalage entre ce que je ressens intérieurement et ce que j'extériorise par mon attitude)

Mais mon expression émotionnelle ne traduit pas seulement mon rapport à ce que je dis, elle exprime aussi mon rapport à mon interlocuteur.

Mon ton agressif, mes mimiques méprisantes, mes gestes d'impatience montrent bien qu'une partie de mes indices non verbaux sont relatifs à la relation qui se noue entre moi et mon interlocuteur. D'ailleurs celui auquel mes indices s'adressent va y répondre le plus souvent par des indices semblables.je dois savoir que l'agressivité portée par ma voix, peut susciter une agressivité comparable en retour.

Les indices non verbaux expriment mes réactions émotionnelles par rapport à ce que je dis et par rapport à mon interlocuteur.ils constituent une dimension fondamentale de ma communication et confèrent sa qualité affective et expressive.

## La résonnance émotionnelle

Nous savons tous que la communication n'est pas un phénomène linéaire, elle n'est pas la simple transmission d'information de l'émetteur au récepteur.

C'est un phénomène interactif : c'est-à-dire que le récepteur réagit constamment à l'expression de l'émetteur. cette réaction est à la fois cognitive(le récepteur pense quelque chose de ce que lui dit l'émetteur) et émotionnelle ( il ressent quelque chose par rapport à l'émetteur et à son discours)

Je peux appeler « résonnance émotionnelle » la réaction émotionnelle du récepteur à l'expression de l'émetteur.

Cette résonnance est avant tout de l'ordre de ressenti, elle n'est pas toujours contrôlée ni contrôlable.

 le personnage d'un roman ou d'un film peut me toucher profondément et provoquer chez moi des pleurs de compassion, alors que je sais bien qu'il s'agit d'une fiction (je réagis donc à un niveau affectif et non intellectuel).

La résonnance émotionnelle opère de façon quasi reflexe, sans intervention d'un processus conscient et réfléchi.

Je sais que, être en présence d'une personne qui baille, peut provoquer chez moi un bâillement. C'est un mécanisme fondamental qui permet aux émotions de se communiquer. Je ressens les émotions d'autrui, non par un processus d'interprétation et de réflexion, mais à travers l'écho spontané qu'elles provoquent dans mon corps.il y a donc une transmission de l'expression émotionnelle plus directe et immédiate que celle de la parole (qui implique un processus de décodage et d'interprétation), c'est pourquoi je réagis parfois émotionnellement à un message avant même d'en avoir compris le sens.

Il vous arrive peut être, parfois la même chose comme moi.

Je dois me rendre compte que mon interlocuteur peut percevoir par résonnance émotionnelle mes mouvements affectifs dont je ne suis pas immédiatement conscient .ma voix et mes gestes peuvent exprimer une irritation dont je n'ai pas pleinement conscience, mais qui va être perçue par mon interlocuteur et à laquelle il va réagir : « je sens que tu es irrité ».

Je vois que le partage émotionnelle est une dimension fondamentale de la communication, il tend à me rapprocher de mon interlocuteur, à me donner le sentiment d'une proximité affective.

Le partage émotionnel est à la base d'une aptitude essentielle à la communication : l'empathie.

La résonnance émotionnelle me permet de partager spontanément et immédiatement les émotions et favorise une communication affective, profonde et directe.

Le partage émotionnel apparait comme la base de l'empathie, condition d'une communication réussi avec autrui.

L'émotion est un vecteur fondamental de la communication.

## L'émotion

Le besoin de contrôle et les motifs qui le sous-tendent provoquent la mise en œuvre de mécanismes psychologique de défense face aux émotions.

Ces mécanismes sont nombreux, certains peuvent être observés le plus couramment.

**La répression :** la répression permanente des émotions.

Parfois je me coupe de mes émotions et je n'en ressens les effets que de façon très atténuée, je désinvestis ma sphère affective pour me refugier dans un fonctionnement rationnel et opératoire.ma sensibilité semble étouffée.

**L'inhibition :** ce mécanisme permet de supprimer les manifestations émotionnelles.

je ressens des émotions, mais je redoute d'être débordé par elles et m'en défend en inhibant leurs manifestations extérieures.je parle d'une voix monocorde, un peu lente et très contrôlée, mon visage est inexpressif, figé et sans mimiques marqués.

L'inhibition de toute manifestation émotionnelle me permet de garder mon calme, mais en même temps, elle maintient une tension intérieure qui éclate périodiquement, dans ma famille en colères imprévues et violentes, elle appauvrit aussi mes communications et me donne la réputation d'une personne terne et ennuyeuse.

**L'évitement ou la fuite :** une autre forme de défense est l'évitement ou la fuite ; elle consiste à me détourner de mes émotions et à éviter les situations qui pourraient les provoquer.

Je m'exprime peu sur moi-même et sur ce que je ressens, quand il m'interroge de façon un peu personnelle, je m'en tire, je fuis les relations à deux, je préfère les relations de groupe, très réservé dans les relations amoureuses ou amicales profondes.il m'arrive souvent de rougir en prenant la parole ou en me demandant mo avis.je préfère éviter certaines situations spécifiques où je me sens très vulnérable et je redoute d'être envahie par des émotions difficiles à contrôler.

**La diversion** : la diversion est aussi une forme de fuite, elle consiste à détourner l'attention des autres et la sienne de certaines émotions (faire une plaisanterie lorsqu'on se sent touché, changer de conversation, ignorer l'émotion de l'interlocuteur...) c'est un mécanisme que nous utilisons tous, mais qui risque d'être un obstacle à la communication s'il se répète systématiquement.

**Le masquage** : le masquage tend à dissimuler et à neutraliser les manifestations extérieures d'une émotion.il consiste souvent à adopter des expressions inverses de celles qui accompagnent normalement l'émotion afin de donner le change : prendre une remarque comme une plaisanterie alors qu'on n'est vexé, affecter une mine figée pour diminuer sa joie, rire bruyamment pour ne pas pleurer...

Ce mécanisme est surtout tourné vers autrui ;il permet de ne pas « perdre de face » lorsqu'une émotion pourrait nous placer dans une situation dévalorisante pour notre image.

**La dissociation :** la dissociation établit une sorte de barrière entre le vécu intérieur et l'expression. Celle ci est neutralisée et désaffectiez. Cela se traduit par un discours rationalisant, impersonnelle généralisant.

j'ai beaucoup de mal à aborder les conflit et les manifestations d'agressivité. Je justifie mes réactions d'évitement par des considérations générales « les conflits ne mènent à rien », « il faut être positif », « être agressif est un signe de faiblesse ».

J'affiche toujours une bonne humeur et une gentillesse appréciée de mes collègues, mais ça m'empêche de défendre mes intérêts quand c'est nécessaire, je suis facilement manipuler et exploiter dans mon milieu professionnel.

**La dérivation :** la dérivation est un mode de défense couramment employé, elle vise à contrebalancer et à atténuer une réaction émotionnelle par une activité verbale ou motrice, parler beaucoup lorsqu'on se sent ému, tripoter des objets, s'aborder dans une tache (ranger des papiers, faire le ménage..).

Ces activités permettent de décharger la tension provoquée par l'émotion et d'en diminuer le retentissement, c'est une réaction relativement adaptative.

**L'attaque :** l'attaque est une forme particulière de dérivation, elle consiste à décharger agressivement sur autrui une tension provoquée par une émotion.

Lorsque j'ai parfois des contrariétés dans le travail, je rentre tendu à la maison et je critique ma femme sur un point sensible : le ménage n'est pas fait correctement, le repas est raté, les enfants n'ont pas fait leurs devoirs....ma femme prend très mal ces critiques et proteste violemment ; alors je me mets en colère « j'ai assez de soucis au travail pour ne pas supporter ta mauvaise humeur »

### Repérer les zones sensibles et les déclics

Chaque personne doit identifier les événements, les personnes, les situations spécifiques qui provoquent des émotions excessive ou des réactions inadaptées, sources de conflits et de frustrations.

### Les déclencheurs

Dans notre vie professionnelle comme dans notre vie privée, certains de nos interlocuteurs activent volontairement ces « déclencheurs ».

Les attitudes de ceux avec qui nous sommes en relation, dans la vie professionnelle ou dans la vie privée, même s'ils sont dépourvus d'intensions malveillantes, déclenchent parfois une irritation, une agressivité, une crise de larmes.

Si notre objectif est de limiter l'impact de ces situations sur nos réactions, il faut d'abord en identifier les déclencheurs, puis les analyser et apprendre à les contrôlera en réduire la force émotionnelle.

Des événements imprévus, d'une intensité très forte, peuvent être à l'origine d'émotions particulièrement violentes : un accident de la circulation une chute brutale, une agression….

Les conséquences de ces situations sont parfois longues à se dissiper : trouble du sommeil, crises d'angoisse, comportements phobiques.

Notre quotidien est peuplé de petits problèmes, de frustrations, de tensions, de craintes…il y a accumulation et parfois même interaction.

Nous ne réagissons pas tous de la même façon à partir d'une situation identique. Nous avons nos propres déclencheurs. C'est à dire les éléments de l'environnement qui contribuent à la naissance des manifestations émotionnelles.

## Modifier nos émotions parasites

Chaque individu souhaite réduira la portée, l'impact et limiter les manifestations émotionnelles de certaines pensées perturbantes.

Pour se faire, il faut travailler sur ses émotions selon un plan d'action.

**Dégager les émotions ressenties :**

Il faut faire le point sur notre vécu et nos réactions actuelles.

Ex : je me sens très instable, je m'énerve pour un rien, je suis agressif, au travail et vis-à-vis de mes enfants, je me repli sur moi-même, je n'arrive plus à me concentrer pour effectuer des actes simples de la vie courante.

**Repérer les pensées irrationnelles :**

Essayer de repérer les pensées irrationnelles qui peuvent agir et le conduire à vivre cette situation.

Ex : j'ai peur que mes enfants rejettent ma nouvelle femme, mes enfants vont en souffrir, je vais les rendre malheureux...

**Elaborer des reformulations :**

La reformulation est un point essentiel de l'évolution.

Il s'agit de prendre le contre pied des pensées irrationnelles et de les substituer par des propositions réalistes. Qui pourraient devenir la base d'un projet d'évolution permettant de sortir de la situation problème.

Une méthode qui peut nous donner les moyens d'agir de façon assertive, positive, concrète, mesurer afin d'éviter de se retrouver dans une impasse ou dans l'incapacité d'agir.

Les émotions inappropriées (peur, colère, tristesse...) vont être progressivement maitrisées.

Schéma de la méthode :

*ce que je vis, je ressens..

*j'identifie mes pensées irrationnelles

*mes propositions réalistes, mon scénario d'évolution.

## Une technique magique de changement

Nous devons savoir que, le comportement d'un individu dépend de l'état émotionnel interne dans lequel il se trouve.

Donc, il est appelé à modifier ces états émotionnels internes de façon à obtenir ce qu'il veut quand il veut.

C'est une question de réajustement, d'adaptation de ses sentiments.

Il s'agit juste d'un apprentissage, comme si, on apprend à faire de la bicyclette.

L'être humain possède des ressources énormes, il doit apprendre à :

Utiliser ses ressources

Contrôler ses situations internes et externes

Modifier ses actes et les effets qu'ils produisent dans son corps

Si un individu se trouve dans un état stérile, ses chances d'adopter des comportements féconds diminuent.

Si un individu se trouve continuellement dans des états neurologiques de contrainte, de douleur, d'angoisse, de frustration, de dévalorisation, il favorise la réapparition ultérieure de ces états.

Donc, nous devons faire très attention à la répétition dans le temps soit :

D'une action non adaptée aux normes de vie

D'interpréter les injonctions d'autrui d'une façon négative.

De vivre des sentiments désagréables et dévalorisants.

Ce qu'il faut répéter continuellement, c'est :

Les images mentales agréables.

Les actes qui vous donnent le dynamisme.

Les souvenirs de vos réussites

Les sentiments vécus de satisfaction et de bien être

Tout ce qui vous a plongé dans un monde chaleureux et plein d'énergie et de réussites.

Tout ça va vous donner la force, l'énergie, le sentiment de confiance en vous, le dynamisme qui vous pousse toujours en avant vers des résultats positifs et des réussites dans votre vie.

Donc, apprendre à répéter continuellement tous vos actes de réussite, et tous vos sentiments agréables, dans votre vie familiale, amicale, professionnelle et en société d'une façon générale.

En appliquant cette méthode d'une façon permanente, vous allez constater un changement considérable vers le meilleur dans votre vie.

## CHAPITRE 2 : NOS CROYANCES

### Peut-on justifier nos croyances ?

Dans notre quotidien nous sommes dominés par nos croyances, elles sont la base de nos réflexions et de nos raisonnements. Chaque individu a ses propres croyances, puisque ces croyances dirigent notre vie, nous les suivons quotidiennement et nous sommes guidés par elles, donc elles sont justifiées.

Le fait de croire n'a aucune limite, notre existence est basée sur ce qu'on croit. Quelle que soit la situation, on fait toujours ce que l'on croit être le mieux. Dans n'importe quelle situation, nous avons inconsciemment une croyance sur ce qui serait la meilleure façon d'agir.

Chaque personne croit qu'il pense de la meilleure façon et que ses croyances sont les meilleures et les plus logiques.

Nos croyances sont la source de nos actions et de la pluparts de nos désirs, sans croyances nous n'avons aucun but, une personne qui ne croit en rien, ne fait rien. Nous ne pouvons pas vivre sans croire à quelque chose, notre existence dépend de nos croyances.

Pour apprendre il faut croire, les croyances sont une importante source de motivation. Ce lui qui pratique un sport par obligation n'éprouvera aucune envie de continuer, par contre ce lui qui croit que ça le tient en forme sera motivé à s'entrainer.

Les croyances nous font agir et nous poussent à réfléchir, ce qui distingue l'être humain de l'animal. Nous sommes dirigés par nos croyances, on fait toujours ce l'on croit qu'il faut faire.

### La naissance de l'excellence

« L'homme est ce qu'il croit. »

(Anton Tchekhov)

Nos croyances personnelles constituent une force qui contrôle toutes nos décisions. Elles influencent notre manière de penser et nos sentiments au cours de toute notre vie, elles régissent tous nos actes, elles déterminent notre perception des événements.

Quand l'individu est convaincu de quelque chose, il transmet clairement à son cerveau l'ordre d'agir de telle ou telle manière.

Dès que l'individu entretient une croyance à propos de quelque chose ou de quelqu'un, celle-ci détermine ce qu'il voit ou ce qu'il sent.

Les croyances sont très puissantes, elles peuvent influer notre système sensoriel.

Nos croyances ont le pouvoir d'affecter notre vie et notre entourage, donc nous devons faire très attention à ce que nous choisissons de croire.

Les croyances ont le pouvoir d'orienter notre façon de penser et d'agir, elles nous aident à changer le cours des événements, nous aident aussi à surmonter d'énormes obstacles, et à réussir notre vie.

« Avoir la foi, c'est croire en ce que l'on ne voit pas encore, cette foi est récompensée, lorsqu'on voit enfin ce en quoi on croyait. » (Saint Augustin)

Qu'est-ce qu'une croyance ? :

La plupart des gens pensent que leur croyance reflète la réalité, alors qu'en fait il s'agit d'un sentiment de certitude quant à la signification des choses.

Lorsqu'un individu dit qu'il est intelligent, il déclare (qu'il est certain d'être intelligent) et c'est la force de cette conviction qui lui permet de faire appel à ses ressources de façon à agir intelligemment et à obtenir les résultats qu'il désire.

Nos doutes ou notre manque de certitude nous rend incapables d'utiliser nos talents et nos capacités.

Une croyance a pour point de départ : une idée.

De nombreuses idées peuvent nous venir en tête, sans que nous y croyions.

Par exemple, l'idée selon laquelle je crois être une personne aimante. Après quelques secondes je répète : (je suis une personne aimante).

Selon les degrés de certitude dont je fais preuve en répétant cette phrase (je suis une personne aimante), cela restera une simple idée, ou cela deviendra une croyance.

## Le savoir est un véritable pouvoir

Le savoir est une dalle sur laquelle se construit le pouvoir qui nous permet d'exceller dans la vie.

Donc nous devons savoir qu'on doit avoir un savoir, mais pour le rendre vivant et le transformer en action, on doit avoir une croyance à ce savoir.

C'est quoi la croyance ?

La croyance est considérée comme :

• des doctrines

• un principe directeur

• une foi

• une passion qui donne un sens à notre vie

• des filtres organisés, préétablis, de notre perception du monde

• des directives qui régissent notre cerveau

• un ordre donné à notre cerveau sur la façon de nous représenter les événements

• une force spirituelle très intense

• un outil plus puissant qui permet à un individu de réaliser ses rêves

• une boussole qui nous guide vers notre but et qui nous garantit que nous l'atteindrons

• des représentations internes cohérentes

Quand on croit qu'une chose est vraie, on se met dans un état qui permet qu'elle le soit.

C'est pourquoi la croyance ouvre la voie qui mène vers l'excellence, mais une croyance négative entrave l'action d'un individu, et peut provoquer des résultats catastrophiques.

Nous devons savoir aussi que :

• Les croyances nous permettent de capter nos meilleures ressources, et de les mettre au service de la réalisation de nos désirs.

• Celui qui n'a pas de croyances, ou qui ne réussit pas à y puiser d'énergie, est totalement désemparé.

• Seules les croyances donnent le pouvoir d'agir, et de créer le monde dans lequel on veut vivre. Elles nous permettent de voir ce que nous voulons, et nous donnent l'énergie dont nous avons besoin pour l'obtenir.

• Les croyances sont des forces directrices plus puissantes que les comportements.

• L'histoire de l'humanité est l'histoire de la croyance humaine.

• Pour modifier le comportement d'un individu, il faut commencer par agir sur ses croyances.

• Si un individu veut imiter l'excellence, il doit apprendre à modeler ses croyances sur celles des individus qui sont parvenus à l'excellence.

• Plus un individu n'apprend sur le comportement humain, plus il découvre le pouvoir que les croyances ont sur sa vie.

• Les croyances agissent sur notre réalité, et le cerveau ne fait que ce qu'on lui dit.

- La croyance peut provoquer la guérison d'un malade.

- La croyance affecte fortement les résultats.

- La croyance c'est le message systématique et cohérent transmis au cerveau et au système nerveux.

- La croyance est un état, une représentation interne, une perception qui gouverne le comportement.

- La croyance peut être dynamisante ou destructrice.

- Si l'on croit à la réussite, on trouvera en soi le pouvoir de l'atteindre.

- Si l'on croit à l'échec, on aura tendance à y aboutir.

- Quand on dit qu'on est capable d'accomplir telle action, et quand on dit qu'on est incapable de l'accomplir, dans les deux cas on a raison. Les deux types de croyance sont très puissants.

- Les croyances sont un choix, nous pouvons tous choisir des croyances qui nous limitent, ou des croyances qui nous soutiennent.

- Pour arriver au succès, il faut favoriser les croyances positives et écarter les croyances négatives.

- Il ne faut jamais penser que la croyance est un concept fixe, une idée séparée de l'action.

- Ce que nous croyons détermine le potentiel que nous allons être en mesure de mobiliser.

- Toute expérience humaine, tout ce que nous avons dit, vu, entendu, senti, ou touché est emmagasiné dans notre cerveau.

- Quand on dit avec conviction que nous ne nous souvenons pas, nous avons raison.

• Quand on dit avec conviction que nous nous souvenons, nous donnons à notre système nerveux l'ordre d'ouvrir les voies qui conduisent à la partie de notre cerveau, qui possèdent la capacité de nous fournir les réponses que nous attendons.

• Les croyances sont des accès préétablis à la perception, qui filtre la communication avec nous-mêmes de façon systématique.

Les sources de la croyance

• Certaines personnes ont des croyances qui les poussent vers le succès, tandis que d'autres ont des croyances qui les aident seulement à échouer.

• La première source des croyances, c'est l'environnement.

• Les cycles de la réussite engendrent la réussite, et les cycles de l'échec engendrent l'échec.

• Le vrai cauchemar, c'est l'effet que produit l'environnement sur les croyances et les rêves.

• Si vous ne voyez que l'échec et le désespoir, il vous sera très difficile de donner forme à des représentations internes qui favorisent le succès.

• L'individu imite en permanence ce qui se passe dans son environnement.

• Si l'on grandit dans la richesse et la réussite, il est facile d'imiter la richesse et la réussite.

• Si l'on grandit dans la misère et le désespoir, c'est là que l'on puise son modèle de conduite.

• Les gens qui sont capables d'exprimer avec impartialité des opinions qui diffèrent des préjugés qu'on a dans leur milieu social sont rares.

• L'environnement est le principal élément générateur de croyances, mais ce n'est pas le seul. Si c'était le seul, nous vivrions dans un monde figé où les enfants de la richesse ne connaîtraient que la richesse, et où les enfants de la misère ne s'élèveraient jamais au-dessus de leur condition d'origine.

• Il existe d'autres expériences, d'autres moyens d'apprendre, qui peuvent être aussi producteurs de croyances.

• Les événements, petits ou grands, favorisent parfois la formation des croyances.

• Tout individu a vécu des expériences qu'il ne peut pas oublier, des moments qui ont eu un fort impact sur lui, et qui sont définitivement gravés dans son cerveau.

• Ce sont les types d'expériences qui suscitent les croyances susceptibles de transformer sa vie.

• La connaissance est un moyen de favoriser la croyance : l'expérience directe, la lecture, le cinéma, la découverte du monde par ce qu'en disent les autres.

• La connaissance est un des grands moyens de briser les chaînes d'un environnement sclérosant.

• Si un individu a la possibilité de connaître par la lecture la réalisation des autres, il peut faire naître des croyances qui lui permettront de réussir.

• S'appuyer sur des bons résultats antérieurs permet d'obtenir aussi des bons résultats.

• Croire qu'on est capable de faire une chose devient une assurance de succès.

• Le bon moyen de faire naître des croyances est la création dans son esprit de l'expérience qu'on veut voir se réaliser dans l'avenir, comme si elle se

Réalisait à l'instant même, c'est ce qu'on appelle l'expérience anticipée des résultats.

Ce que vous devez faire :

• Quand les conditions qui vous entourent ne vous aident pas à être dans un état d'efficacité, il suffit de créer le monde selon votre désir, de vous immerger dans cette expérience, de modifier ainsi vos états, vos croyances et votre action.

• Tout individu a une hiérarchie, une échelle de croyance.

• L'individu possède des croyances centrales, des choses si fondamentales qu'il sera prêt à mourir pour elles, comme les idées qu'il a sur la patrie, la famille, l'amour, mais l'essentiel de sa vie est gouverné par des croyances sur ses possibilités, ses réussites, son bonheur, croyances qu'il a recueillies inconsciemment au fil des années.

• Ce qu'il faut faire maintenant, c'est reconsidérer ces croyances et s'assurer qu'elles lui sont utiles, qu'elles sont efficaces, et qu'elles lui donnent du pouvoir.

• Imiter l'excellence commence par imiter une croyance.

• Si l'individu est capable de lire, de réfléchir et d'écouter, il peut imiter les croyances des gens qui ont le mieux réussi au monde.

• L'homme qui veut réussir doit choisir ses croyances.

• Le potentiel que l'individu mobilise et les résultats qu'il obtient font partie d'un processus dynamique qui commence par une croyance.

Nous devons savoir que nous pouvons changer notre vie et que pour obtenir de bons résultats, il faut changer notre comportement.

Mais on ne doit pas oublier que tous nos actes découlent des décisions que nous prenons.

Donc, si on a la force et le pouvoir de prendre des bonnes décisions, on aura la force et le pouvoir de procéder à un changement vers le meilleur.

On sait que nous ne maîtrisons pas toujours les circonstances, mais nous pouvons exercer un contrôle sur ce que nous décidons de penser, de croire, de sentir, et sur nos réactions aux événements.

La vie nous met en face de nouveaux choix à chaque instant, ces choix, les actes et les résultats qui en découlent dépendent entièrement de nous.

Notre avenir est influencé par nos décisions et non pas par les circonstances.

Notre mode de vie actuel reflète la personne que nous avons décidé d'être et ce que nous avons décidé d'accomplir, ainsi que nos décisions de fréquenter telle ou telle personne, d'apprendre ou de ne pas

Apprendre, d'adopter certaines croyances, de persévérer ou d'abandonner la partie, de nous marier, d'avoir des enfants, de nous alimenter d'une certaine façon, de fumer ou de boire.

Toutes ces décisions ont réglé le cours de notre vie. Si on veut sincèrement changer notre situation, nous devons décider ce qui nous tient à cœur, ce que nous ferons, et quels sont les engagements que nous sommes prêts à prendre.

La décision veut dire un choix conscient.

Pour obtenir ce qu'on veut, nous devons décider souvent de considérer les plus grands obstacles comme de simples étapes à franchir.

Pour obtenir ce qu'on veut, nous devons savoir et exécuter la formule clé de la réussite :

Nous devons prendre une décision de ce qu'on veut.

Nous devons exécuter notre plan d'action.

Nous devons évaluer constamment nos progrès.

Nous devons réviser nos méthodes chaque fois que nous nous trouvons sur une fausse piste, nous devons faire preuve de souplesse et modifier nos stratégies pour surmonter les obstacles sur notre chemin.

Notre avenir se construit avec nos décisions, et la vie entière n'est qu'une suite de décisions.

Pour obtenir ce qu'on veut, nous devons prendre la décision de transformer notre vie dans le sens positif.

Le mot (vraiment) que la plupart des gens emploient dans leurs phrases comme :

Je devrais vraiment perdre du poids, je devrais gagner plus d'argent, je devrais chercher un meilleur emploi, je devrais arrêter de boire et de fumer.

Même si on utilise le mot (vraiment) dans nos phrases mille fois, ça ne changera rien.

La seule façon de changer de vie et d'obtenir ce qu'on veut est de prendre une véritable décision.

Décider véritablement signifie exclure la moindre possibilité d'échec et concentrer toute son énergie sur l'objectif qu'on se propose d'atteindre.

En prenant une véritable résolution, on se fixe sur une ligne de conduite dont on ne dévie pas d'un millimètre, les vraies décisions sont coulées dans le béton. On sait exactement ce qu'on veut. Cette prise de conscience se traduit par une puissance d'action accrue.

Trois décisions capitales que l'individu doit prendre :

Savoir sur quoi concentrer son attention.

Quelle est la signification réelle de chaque chose.

Quel plan d'action adopter.

Pour obtenir ce qu'on veut, nous devons admettre que : tout progrès humain est précédé d'une décision.

Donc, prenez deux résolutions que vous vous engagez fermement à respecter, quels que soient les efforts que vous devez déployer. Commencez par prendre la décision de faire une promesse facile à tenir, envers les autres ou envers soi-même.

En prenant une telle décision et en passant ensuite aux actes, vous vous prouverez que vous êtes capable de prendre des décisions d'une portée bien supérieure à cette première résolution.

Comment acquérir un état d'esprit positif ?

• Nous sommes responsables de notre vie.

• L'individu trouve la difficulté d'intégrer l'idée que : il est responsable de ce qui lui arrive.

• Nos comportements sont habituellement enfermés dans le cercle dominant – soumis. Pourtant accepter notre responsabilité, c'est prendre la maîtrise de notre pouvoir créateur, pour être en mesure de mieux l'orienter. Cela implique que l'homme est sensibilisé à la conscience de soi et suppose qu'il a commencé à se confronter à ses blessures les plus profondes en faisant la lumière sur son ombre.

• Pour récupérer son pouvoir créateur, il convient de prendre conscience du mécanisme de projection.

• Nous devons transformer notre relation en pouvoir.

• En nous libérant de certaines formes de manipulations inconscientes, nous accédons à la liberté, donc au libre arbitre. C'est là que nous trouvons la capacité d'investir notre espace créateur.

• Plus nous nous dégageons des contraintes inconscientes, plus nos décisions et nos actions sont justes.

• Elles peuvent donc prendre racine dans la réalité, où elles donneront des fruits.

• Naturellement, cela n'empêchera pas certaines épreuves, profondément liées à la destinée de chacun et qui visent à nous faire grandir.

• Se libérer des schémas du passé permet de découvrir la vie dans le présent, où nous nous rendons compte que nous sommes de mieux en mieux armés pour faire face aux épreuves de l'existence.

Penser créateur de sa vie :

• Penser créateur de sa vie, c'est retrouver son pouvoir.

• (Je suis créateur de ma vie), cette affirmation montre de quoi est capable celui qui se donne la permission d'intervenir sur sa vie ...

• Or, cette idée n'est acceptable si l'on attribue aux autres la cause de nos échecs, de nos malheurs.

• Se poser en victime, c'est remettre à l'autre son propre pouvoir.

• C'est involontairement, se placer dans un rapport à autrui qui favorise sa prise de pouvoir sur nous.

• C'est finalement attirer la domination que l'on redoute.

• La victime fait preuve d'un besoin de contrôle, et contribue à enfermer les autres dans une forme de dépendance.

• Elle exerce une influence sur son entourage, ne serait-ce que par son besoin d'un dominateur pour que le scénario puisse s'accomplir.

• Par sa plainte et son pessimisme, par son apparente vulnérabilité, par le sentiment

D'impuissance et de non-responsabilité qu'elle exprime, la victime, sans le savoir, attire magnétiquement son tyran.

• Seule une prise de conscience de ce mécanisme peut nous faire sortir de ce rôle.

• Nous devons savoir que des facteurs déterminants, mais invisibles, engendrent une grande partie de ce qui nous arrive.

- Nous nous fabriquons tous un modèle de vie que nous suivons à la lettre.

- Seul un véritable cheminement intérieur permettra l'ouverture nécessaire pour changer le modèle et sortir de cette spirale domination-soumission.

- Nous pouvons alors assumer la responsabilité de notre vie et obtenir ce qu'on veut, sans tomber dans la culpabilisation.

- Nous ne créons pas ces situations de souffrance consciemment, elles sont simplement un mécanisme de défense mis en place il y a très longtemps, et dont nous prenons conscience à un moment donné de notre vie.

- En transcendant certaines contraintes sociales, familiales, et identitaires, nous pouvons plonger dans la partie consciente de notre pouvoir créateur et récupérer toute notre capacité à choisir et à obtenir ce qu'on veut quand on veut.

- Nous devons accepter que le changement soit possible et doit venir de nous pour être fort et obtenir ce qu'on veut quand on veut.

- Il faut se changer dans le sens positif et acquérir la compétence et le pouvoir en intégrant comme modèle de vie, cette idée : le changement viendra de nous et nous prenons en compte des facteurs psychologiques sans nier l'aspect spirituel.

## Une exigence de précision :

Une exigence de précision à la découverte des objectifs.

Nous devons donner une grande importance aux situations de communication et aux expériences personnelles, afin d'évaluer si elles permettent ou non d'atteindre l'objectif désiré.

Un échec est considéré comme un résultat non désiré, donc l'aboutissement d'un processus qu'il suffit d'examiner avec précision pour trouver la faille et y remédier par une alternative efficace. Le manque de précision dans la définition des objectifs et l'absence d'évaluation de leur faisabilité sont les principales causes des résultats non désirables.

Les personnes qui réussissent ce qu'elles entreprennent sont capables de définir très précisément leur part de responsabilité, celle des imprévus et les moyens nécessaires pour atteindre leurs objectifs.

Obtenir ce qu'on veut est un objectif, mais il y a des objectifs qui ne dépendent que de vous, et d'autres qui dépendent de vous et d'autres personnes.

Ex : vous voulez vous faire élire en tant que chef d'un groupe donné. Ce projet ne dépend pas que de vous, mais repose sur la décision de beaucoup de gens.

Si vous voulez améliorer votre classement au tennis, l'atteinte de votre objectif dépend de vous, c'est le temps et l'investissement consentis à cet objectif qui vous permettront ou pas de l'atteindre.

Nous devons savoir que la préparation intelligente d'un projet passe par un travail approfondi sur l'objectif, les moyens et la faisabilité.

Plus cette étude aura produit une définition claire, plus l'objectif deviendra accessible.

Souvent nous avons tendance à nous contenter des mots, et quand des résultats non désirés arrivent, nous accusons la malchance ou tout autre fait extérieur.

Or, les mots ne font que représenter les moyens à mettre en œuvre, ils ne sont pas acteurs de réussite ou d'échec. Il faut s'en servir pour définir clairement ce que l'on veut, mais aussi comprendre que ce sont nos choix et nos actes qui déterminent nos résultats.

La stratégie pour atteindre un objectif, que faut-il faire pour atteindre son but ?

• Avant tout, on doit savoir où l'on va, mais en réalité on ne peut pas savoir où l'on va, si on ne sait pas d'abord d'où l'on part, il faut être conscient de ce qu'on a déjà fait, avant d'entreprendre quelque chose d'autre.

• Quand on est sur un projet, on prépare tout minutieusement, s'il risque d'y avoir une négociation difficile, on prépare des réponses à toutes les objections qui nous mettraient mal à l'aise, toutes les questions qu'il faut éclaircir.

• On doit mettre une stratégie très précise pour la gestion et la conduite de ses projets.

• On doit suivre pas à pas les différents registres sensoriels impliqués dans la démarche ... les aspects visuels, auditifs et kinesthésiques doivent être très présents.

• On doit rassembler un maximum de données concrètes (sensorielles) avant de se lancer dans l'action.

• Les problèmes prévisibles doivent être traités à l'avance, ainsi que les conséquences de l'objectif.

• Les objectifs devront être formulés de façon affirmative, formulés en termes descriptifs en envisageant les conditions de faisabilité, et être compatibles avec l'écologie, la psychologie et le relationnel.

## Conclusion :

Je dédie ce livre à mes parents, à tous membres de ma famille, à mes lecteurs, à tous ceux qui ont l'envie de se changer et de changer le monde, parce que l'être humain mérite de vivre dans un monde meilleur.

Découvrons nos ressources et nous devons être sur que nous sommes assis sur un coffre rempli d'or.

Notre vie peut changer et devenir meilleure si nous le souhaitons.

Un être actif souhaite toujours changer de vie, de mode de relations affectives ou professionnelles.

Tout le monde souhaite avoir la vie qui lui correspond vraiment.

Quand les choses sont très dures, l'être humain espère qu'elles vont s'arranger toutes seules.

Je dédie ce livre à tous ceux qui éprouvent un profond désir de changement.

Cet ouvrage apporte des réponses concrètes pour aboutir à la transformation de votre vie.

Dans ces moments-là, tout semble placé devant nous, et notre vie change comme par miracle.

Cet ouvrage montre à quel point notre état d'esprit agit à tout moment sur notre réalité matérielle, émotionnelle, relationnelle.

Ce livre est un outil pour savoir provoquer ce que vous désirez sincèrement et atteindre un bonheur durable.

Apprendre à vivre ce concept de plus en plus fort :

(Je suis le créateur de ma réalité, mes pensées créent ma réalité.)

Bonne lecture et Merci

**Pour le même Auteur** :

- ➢ Comment obtenir ce qu'on veut quand on veut
- ➢ Comment supprimer les virus de notre bio-ordinateur
- ➢ Comment maitriser les effets de nos émotions
- ➢ Comprendre pour agir
- ➢ Apprendre à maitriser vos émotions et vos réactions
- ➢ Attention ! Les marches de la descente à l'enfer sont glissantes
- ➢ Le moteur des activités humaines
- ➢ Pourquoi tant de souffrance
- ➢ Découvrir votre coffre rempli d'or